What a Seed Needs to Know
Lo que una semillita necesita saber

Story by/Cuento por Grandpa Gardener

Illustrated by/Ilustrado por Vivianna Lira

Dedication
Dedicatoria

"For all of you who have a dream and wonder if it is possible, just plant a 'Little Seed' and watch it grow."
    W. R. Van Nostrand and Jane Hall-Van Nostrand

"Para todos ustedes que tienen un sueño y se preguntan si es posible plantar una 'Semillita' y verla crecer."
    W. R. Van Nostrand and Jane Hall-Van Nostrand

Text © 2022 Grandpa Gardener Holding Co., LLC.
Illustrations © 2008 Grandpa Gardener Holding Co., LLC.
Logo ® 2007 Grandpa Gardener Holding Co., LLC.
TM's 2008 Grandpa Gardener Holding Co., LLC.

All rights reserved. No part of this book may be reproduced, stored in a retrieval system, or transmitted in any form by any means, electronic, mechanical, photocopy, recording or otherwise, without express written permission from the publisher.

Editor and Book Design by Jane Hall-Van Nostrand
Editor and Book Design by W. R. Van Nostrand
Publishing consultation by Ghost River Images, Tucson, Arizona

ISBN: 978-1-935427-01-8

Library of Congress Control Number: 2022924025

Printed in the U.S.A.   January 2023

Published by:
Grandpa Gardener Publishing Co.
grandpagardener@grandpagardener.com
www.GrandpaGardener.com

Question:
If you were a little seed, what are a few things that you need to know in order to grow?

Pregunta:
Sí tu fueras una semillita, ¿qué son algunas de las cosas que necesitas saber para poder crecer?

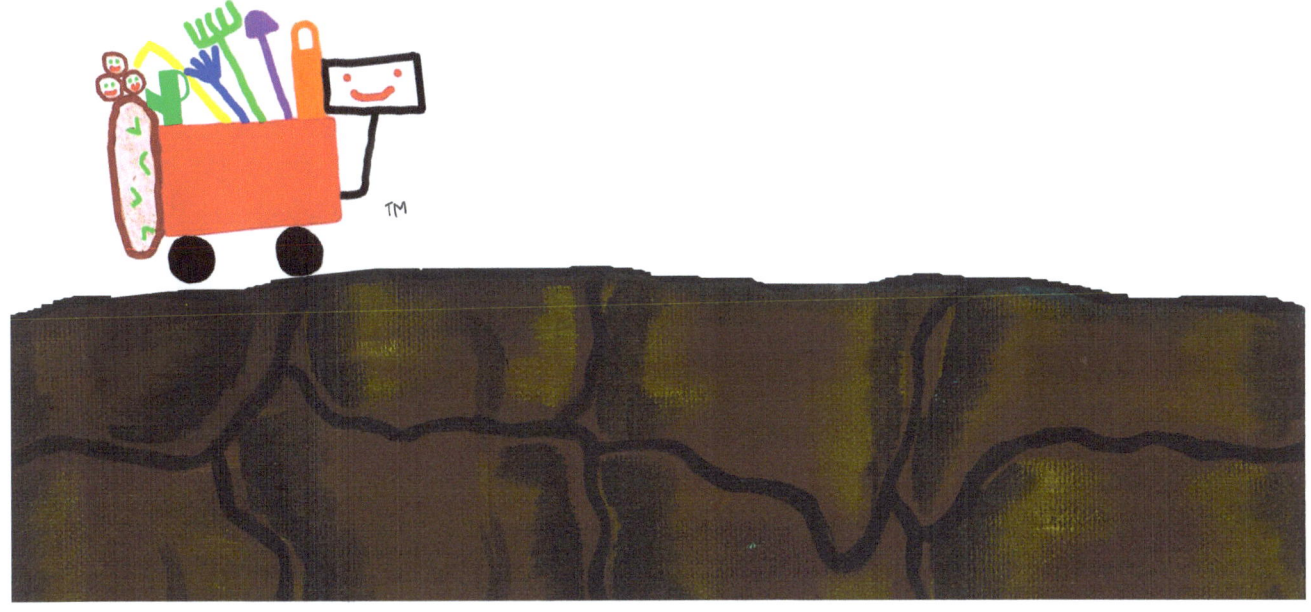

I'm a little seed and I want to grow.
Yo soy una semillita y quiero crecer.

Here are the few things that I need to know.
Éstas son unas de las cosas que necesito saber.

If I'm left on top of the ground,

Sí me dejan encima del suelo,

a bird will come and gobble me down.

un pájaro vendrá y me comerá.

If I don't get in the soil,
Sí yo no entro en la tierra,

the sun's too hot and then I'll broil.
el ardiente sol me quemará.

If there's water all around,

Sí hay agua por todas partes,

I'm too wet and then I'll drown.
demasiada agua me ahogará.

If the ground has rocks and stones,
Sí la tierra tiene rocas y piedras,

there's no room to stretch my bones.
no tendré suficiente espacio para crecer.

Not too shallow.

No muy encima.

Not too deep.

No muy profundo.

Not beneath a giant's feet.
No debajo del pie de un gigante.

Now here I am. I found good ground,
Ahora estoy aquí. Encontré buena tierra,

so I can let my root grow down.
así puedo permitir que mi raíz crezca hacia abajo.

My roots drink water day and night,
Mis raíces beben agua día y noche,

and grab the earth to hold me tight.
y agarran la tierra para abrazarme.

With light of sun and gentle rain,
Con la luz del sol y la suave lluvia,

my leaves spring up — like from my brain!
mis hojas aparecen - ¡como de mi cerebro!

In good ground now, I'm not a seed —
En tierra fértil, no soy semilla -

but am I vegetable, flower or weed?
pero ¿soy vegetal, flor o hierba?

It matters not. My work is done.
No importa. Mi trabajo está hecho.

My roots are down. My leaves have sprung.
Mis raíces han crecido. Mis hojas han brotado.

So the next time a seed asks you,
"How do I grow?"
Así que la próxima vez que una semillita te pregunte, "¿Cómo crezco?"

Show them this book —
"What a Seed Needs to Know."
Muestrales este libro -
"Lo que una semillita necesita saber."

The End.
Fin.

Good Bye!
¡Adios!

Question:
Now that you have read the story, what are the few things a seed needs to know?

Pregunta:
Ahora que has leído el cuento, ¿Cuáles son algunas cosas que una semilla debe saber?

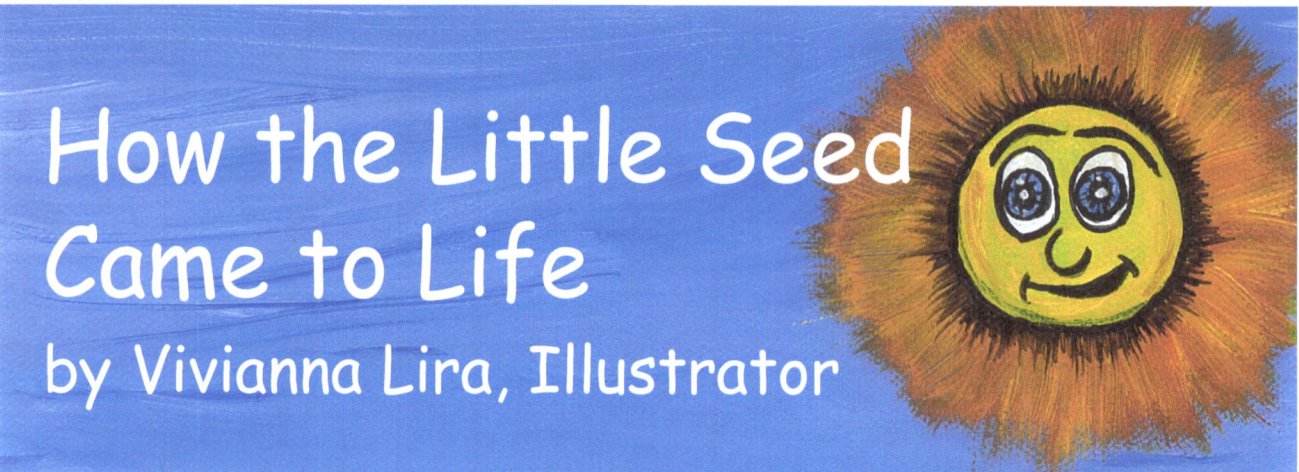

How the Little Seed Came to Life
by Vivianna Lira, Illustrator

The Little Seed grew and developed in our family living room. I faced the challenge of drawing a character which has no arms or legs. I read the story to my children along with the Grandpa Rap music CD for them to dance to. As the Little Seed grew with every brush stroke, I realized how crucial the facial expressions were. My sons, ages five and six, helped me see how the Little Seed would look when being squished by a giant's foot, drowning, thinking, or growing.

The Little Seed became a part of our family. The children would come home from school and see what stage the Little Seed was in, with excitement for each new page. My three-year old daughter would paint with me and draw her own interpretation of the Little Seed. When the project was completed, she had learned how to draw the sun, seed, ground and roots - at the age of three. We may have another young budding artist!

When I finished all of the pages, it was a bitter sweet ending. We were all excited to send the Little Seed on to the next level; however, it was like saying farewell to a family member. I sat down with my three children on the carpet and re-read the book, now with the completed illustrations, one final time. I put the CD in the music player and we danced the dance in celebration of our good buddy.

We are all now waiting patiently for the rebirth of the Little Seed once it is published as a book.

Como la semillita llegó a vivir.
por Vivianna Lira, Ilustradora

La semillita creció y se desarrolló en nuestra sala familiar. Me enfrente al reto de dibujar un personaje que no tiene brazos, ni piernas. Les leí el cuento a mis hijos junto al disco musical "Grandpa Rap" para que bailaran. Mientras la semillita creció con cada pincelada, me dí cuenta que tán importante son las expresiones faciales. Mis hijos, de edades entre cinco y seis, me ayudaron a ver como la semillita se miraría al ser apachurrada por el pie de un gigante, ahogada, pensativa o creciendo.

La semillita se convirtió como otro miembro de nuestra familia. Los niños llegaban a la casa de la escuela para ver en que etapa se encontraba la semillita, con entusiasmo por cada página nueva. Mi niña de tres años pintaba conmigo y dibujaba su propia interpretación de la semillita. Cuando se completó el proyecto, ella aprendió como dibujar al sol, la semilla, la tierra y las raíces—a los tres años. ¡Tal vez veamos el comienzo de otra artista jóvencita!

Cuando terminé todas las páginas, fue un final dulce amargo. Estábamos felices de poder mandar a la semillita a su próxima etapa; pero, era como decirle adiós a un miembro de la familia. Me senté con mis tres hijos en la alfombra para leer de nuevo el libro, ahora con las imágenes terminadas, una última vez. Metí el disco en el estéreo y bailamos en honor a nuestra buena amiguita.

Todos estamos pacientemente esperando que el renacimiento de la semillita sea publicado como libro.

Draw the Little Seed!
¡Dibuja a la semillita!

You can draw the Little Seed! Place a piece of paper over the page. Trace it with your pencil, then color it in.

¡Puedes dibujar a la semillita! Coloca un papel sobre la página. Cálcala con tu lápiz, después coloreala por dentro.

About the author

"Grandpa Gardener" is a character created by W. R. Van Nostrand based on his experiences as a real grandpa teaching gardening to KinderGardeners.™ This story began as a way to teach the cycle of the seed in his granddaughter's kindergarten class. He was also inspired by his love of gardening and draws from his experiences as an Eagle Scout, a licensed physician, a registered yoga teacher, an ordained interfaith contemplative minister with a Masters of Divinity, and above all, a grandpa. He lives with his wife, Jane, who is also his writing and editing collaborator, in Tucson, Arizona.

Sobre el autor

"Grandpa Gardener" ("Abuelito Jardinero") es un personaje creado por W.R. Van Nostrand basado en sus vivencias como un abuelito actual enseñando jardinería en el jardín de niños. Este cuento comenzó con la intención de enseñar el ciclo de la semilla en la clase del jardín de niños de su nieta. También fue inspirado por el amor que le tiene a la jardinería y por sus experiencias como "Eagle Scout", médico acreditado, maestro titulado en el yoga, pastor ordenado de interfé contemplativa con Maestría en Divinidad, y sobre todo, por ser abuelito. Vive con su esposa, Jane, en Tucson, Arizona, quien también es su colaboradora de escritura y redactora.

About the illustrator

In Kindergarten, Vivianna Lira knew she was to be an artist. In fourth grade, she made a puppet, Ickle Me Pickle Me Two. Her mother took her to local restaurants to entertain customers with her puppet and the stories she had written. Vivianna was 24 years old when she illustrated her first book, "In The Peace Garden," for Project Restore, a non-profit organization which invites children into local gardens. In 2007, she received the 2nd annual LULAC Latino Arts Award for emerging artists. This is the second book she has illustrated. She lives with her husband and three children in Tucson, Arizona.

Sobre el ilustradora

En el jardín de niños, Vivianna Lira sabía que ella llegaría a ser una artista. En el cuarto año de primaria, construyó un títere llamado "Ickle Me Pickle Me Two". Su madre la llevaba a los restaurantes locales para entretener a la clientela con su títere y los cuentos que había escrito. Vivianna tenía 24 años de edad cuando ilustró su primer libro, "En el jardín de la paz," para el Proyecto "Restore", una organización no lucrativa que invita a los niños a los jardínes locales. En el 2007, ella recibió la segunda entrega del Premio de Artes Latino LULAC para artistas emergentes. Este es el segundo libro que ella ha ilustrado. Ella vive con su esposo y tres hijos en Tucson, Arizona.

About the translator
Sobre el traductor

Raúl Alcaraz is the son of a great gardener. He was born in Jalisco, Mexico, in February 1983. At age five, he moved to San Francisco, California. He received his B.A. from San Francisco State University in Raza Studies in 2006. He is an interpreter, community organizer, writer and poet. He now lives in Tucson, Arizona.

Raúl Alcaraz es hijo de un gran jardinero. Nació febrero de 1983 en Jalisco, México. A los cinco años de edad se mudó a San Francisco, California. Recibió su bachillerato de Estudios de la Raza de la Universidad Estatal de San Francisco en el 2006. Es traductor, organizador comunitario, escritor y poeta. Ahora vive en Tucson, Arizona.

About Us
Sobre nosotros

Welcome to the wonderful world of Grandpa Gardener!

Grandpa Gardener, Inc. is a Tucson-based company that began in 2006 to promote Garden-Based Learning for children ages four to seven. Our primary mission is "Growing Gardens. Growing Children." We work with children as well as their parents, caregivers, and early childhood educators. Our products and services include:
Educational Books. Workshops. Gardening Products.
Visit us at GrandpaGardener.com
Good Gardening!

"¡Bienvenidos al mundo maravilloso del Abuelito Jardinero!

Grandpa Gardener, Inc. es una compañía basada en Tucson que comenzó en el 2006 para promover el aprendizaje basado en el jardín para los jóvenes de edades entre cuatro y siete. Nuestro mayor propósito es "Cosechando Jardines. Cosechando Jovenes." Trabajamos con jóvenes al igual que con sus padres, niñeras, y educadores de temprana edad. Nuestros productos y servicios incluyen:
Libros educacionales. Talleres. Productos para la jardinería.
Visítanos en GrandpaGardener.com
¡Suerte con tu jardín!

www.ingramcontent.com/pod-product-compliance
Lightning Source LLC
Chambersburg PA
CBHW050752110526
44592CB00002B/38